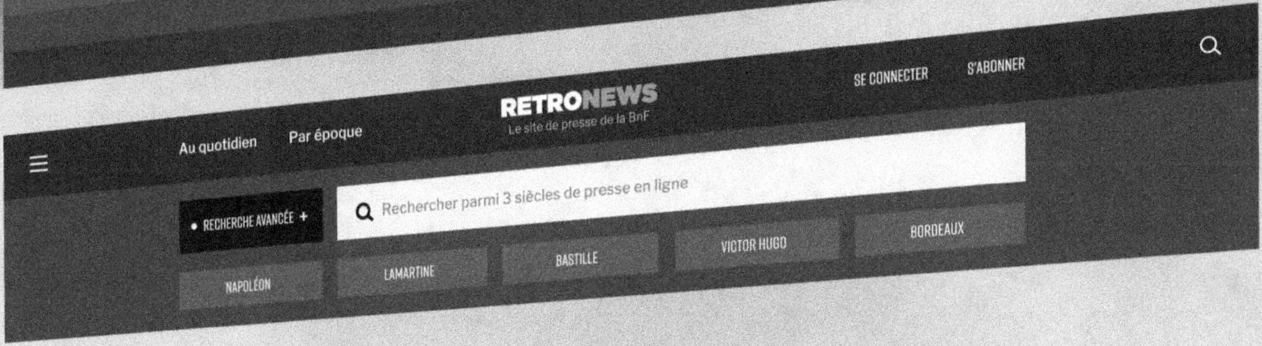

TABLE RÉCAPITULATIVE

DES

MÉMOIRES

DE LA

SOCIÉTÉ D'ÉMULATION DU DOUBS

1931-1965

DRESSÉE

par **Paul MARION**
Bibliothécaire de la Société

BESANÇON
Imprimerie Jacques et Demontrond

1965

TABLE RÉCAPITULATIVE

DES

MÉMOIRES

DE LA

SOCIÉTÉ D'ÉMULATION DU DOUBS

1931 - 1965

Cette table fait suite à celle que M. Kirchner a publiée en 1905 et que Georges Gazier a mise à jour en 1930. Elle respecte l'usage traditionnel qui distingue la classification des ouvrages par ordre de matières et le répertoire alphabétique des noms d'auteurs.

Les titres sont rangés sous les quatre rubriques suivantes : *Belles Lettres - Histoire et Géographie - Beaux-Arts - Sciences* ; chacune de ces divisions répondant elle-même aux mots-souches les plus usuels. Les travaux sont enregistrés selon la date de leur publication.

On a incorporé à la table des auteurs les noms des sociétaires dont les communications n'ont pas été imprimées. Le lecteur trouvera l'analyse de ces travaux dans les comptes rendus sommaires qui figurent, depuis 1954, dans la première partie de nos volumes annuels.

Il est rappelé que la présente table mentionne toutes les Communications de nos sociétaires insérées dans les deux fascicules parus en 1951 et 1955 sous le titre de *Bulletin de la Fédération des Sociétés savantes de Franche-Comté* (F.S.S.).

PREMIERE PARTIE

TABLE SYSTÉMATIQUE DES MATIÈRES

BELLES LETTRES

Poésie - Littérature - *Contes, Nouvelles, Récits, Folklore, Théatre.*
Linguistique - *Idiomes, Onomastique, Toponymie, Vocabulaire, Etymologie.*
Critique - *Etudes sur des écrivains comtois. Analyses d'ouvrages.*

Poésie

Poésies. — 1931, p. 54 ; 1933, p. 61. *P. Latrobe.*
Poésies. — 1931, p. 83. *F. Bataille.*
Dyptique. — 1931, p. 108. *H. Van Daële.*
Poésies. — 1932, p. 13 ; 1934, p. 15. *F. Bataille.*

Poésies. — 1932, p. 199 ; 1933, p. 88 ; 1935, p. 115. *H. Van Daële.*
Poésies. — 1933, p. 14 ; 1934, p. 27 ; 1937, p. 31. *Ch. Dornier.*
Fables. — 1934, p. 15. *F. Bataille.*
Poésies. — 1932, p. 32 ; 1935, p. 35. *F. Clerc.*

Littérature

Printemps comtois. Souvenirs et impressions. — 1934, p. 17. Mars, souvenirs d'enfance. — 1933, p. 152. *F. Clerc.*
Les champs de bataille de la guerre des boutons. — 1960, p. 94. *O. Chevalier.*

Linguistique

L'origine des noms de personnes en Franche-Comté et en particulier dans l'arrondissement de Vesoul. — 1931, p. 102. *M. Goux.*
L'étymologie de Lure et la Charte de Lothaire. — 1934, p. 51. *J. Girardot.*
Explication de la locution toponymique : le Morthomme. — 1932, p. 143. *M. Pajot.*
Etymologie de Lure. — 1932, p. 148. —
Balneum - Balnea : Bain en toponymie. — 1933, p. 217. —
Quelques mots sur l'étymologie de Lure. — 1934, p. 59. —
Interprétation du nom de « Mons Cœlius » appliqué à la Citadelle de Besançon. — 1934, p. 151. —
Explication du nom de Montoreille (Salins) ; le culte de Saint-Martin en Séquanie. — 1935, p. 295. —
Saint Sigismond, roi de Bourgogne, à Vercel et au Valdahon. Problème toponymico-historique. — 1939, p. 41. —
Aperçu sur la toponymie du premier plateau jurassien dans la région d'Orgelet. *F.S.S.* — 1955, p. 188. *F. Prost.*

Critique

Lamennais réfuté par l'abbé Receveur en 1821. — 1936, p. 158. *Abbé Boiteux.*
Le peintre Wyrsch, écrivain. — 1937, p. 46. *G. Blondeau.*
Xavier Marmier et les écrivains de son temps. — 1938, p. 30. *P. Moreau.*
Edmond About vu par Xavier Marmier. — 1940-1942, p. 12. —

HISTOIRE ET GÉOGRAPHIE

Histoire et Géographie générales - Histoire et Géographie de la Franche-Comté - Histoire de Besançon - Histoire des Communes de Franche-Comté - Biographie - Activités culturelles - Sociétés savantes - Evolution économique et sociale - Géographie humaine - Archéologie - Recherches et fouilles - Bibliographie.

Histoire et Géographie générales

La reine de Saba était-elle arabe ou éthiopienne ? — 1933, p. 198. *A. Nicklès.*

Au royaume de Choa. — 1936, p. 85. *L. Malnoury.*
La Géographie universitaire et la Géographie appliquée. — 1961, p. v. *M. Chevalier.*
Excursion de l'Institut de Géographie dans le Midi de la France. — 1955, p. 26. —
Images de Laponie. — 1960, p. 89. —
Quelques aspects de la décentralisation intellectuelle en Allemagne. — 1958, p. 20. *Mme J. Carrez.*
La Sarre et les juridictions franco-sarroises. — 1958, p. 25. *M. Renard.*
Reines de beauté de la Renaissance italienne. — 1955, p. 28. *Mme Mairot-Dromard.*
Images de l'Antarctique. — 1960, pp. 91-92. *J. Lapostolle.*
Impressions des U.S.A. — 1960, p. 91. *C. Fohlen.*
La navigation rhodanienne des Argonautes d'après le témoignage d'Apollonios de Rhodes. — 1961, p. vii. *P. Levesque.*

Histoire de la Franche-Comté et du Duché de Bourgogne

L'abbé Gonzel et la tentative de soulèvement de la Franche-Comté en 1702. — 1931, p. 218. *M. Dayet.*
La reddition du château d'Arguel en 1668. — 1933, p. 77. *Ct de Vregille.*
Une partie de chasse qui finit mal (Arlay, 1781-1785). — 1933, p. 57. *Abbé Perrod.*
Curieuse procédure de 1640 des femmes de Sancey. — 1934, p. 100. *Ct de Vregille.*
En relisant Lenôtre. De Besançon à l'échafaud. — 1935, p. 21. —
Un espion français au Comté de Bourgogne. — 1934, p. 21 *M. Germain.*
La noblesse comtoise et les Etats provinciaux de 1787. *F.S.S.* — 1951, p. 94. *Cte de Salverte.*
L'opinion publique franc-comtoise en 1814-1815. *F.S.S.* — 1951, p. 119. *J. Millot.*
La situation ecclésiastique et religieuse de la Franche-Comté à la veille de la Révolution. *F.S.S.* — 1955, p. 3. *E. Préclin.*
Formation du département de la Haute-Saône. *F.S.S.* — 1955, p. 29. *J. Girardot.*
Le pays de Montbéliard et la Révolution française. *F.S.S.* — 1955, p. 40. *M. Bille ey.*
L'émigration dans le Jura pendant la Révolution française. *F.S.S.* — 1955, p. 62. *J. Brelot* et *Ebersoldt.*
L'insurrection fédéraliste dans le Jura en 1793. *F.S.S.* — 1955, p. 73. *J. Brelot.*
En marge de la Guerre aux châteaux de 1789. *F.S.S.* — 1955, p. 166. *J. de Trévillers.*
L'immigration savoyarde en Franche-Comté avant 1789. — 1959, p. 7. *Général Fournier.*
Saint Simon et la Franche-Comté. — 1958, p. 32. *Mme Page.*
Anniversaire du rattachement de la Savoie à la France. — 1959, p. 3. *A. Marlet.*
La forêt franc-comtoise. — 1943, p. 87. *G. Castany.*

La crise des subsistances dans le Doubs (1816-1817). — 1960, p. 91. *R. Marlin.*

Les étrangers dans le Doubs au milieu du XIXe siècle. — 1960, p. 94. —

Othon IV, comte de Bourgogne, et son administration. — 1960, p. 96. *Mme Stauffenegger.*

Régions frontalières de la montagne jurassienne. Analyse de la thèse de Mlle Suzanne Daveau. — 1961, p. VI. *Mlle Daillens.*

Un procès d'affouage en Franche-Comté au milieu du XIXe siècle. — 1958, p. 11. *R. Marlin.*

Les trésors de monnaie romaine dans les départements du Doubs et du Jura. — 1958, p. 14. *C. Davillé.*

L'accueil fait par les communes du Doubs à la Révolution de 1848. — 1958, p. 16. *R. Marlin.*

Les loups en Franche-Comté. — 1958, p. 17. *R. Moreau.*

Les testaments des pestiférés en Franche-Comté. — 1958, p. 22. *M. Jeannette.*

Formation de la population franc-comtoise : défaut de l'influence espagnole. — 1958, p. 23. *F. Preney.*

L'opinion franc-comtoise devant la guerre de Crimée. — 1958, p. 25. *R. Marlin.*

Le folklore et la danse en franche-Comté. — 1958. *F. Bavoux.*

Quelques notes sur l'aqueduc gallo-romain d'Arcier. — 1940, p. 78. *C. Davillé.*

A propos du « Théâtre » de Vesontio. — 1943, p. 130. *J. Cousin.*

Bilan des fouilles de Villars-d'Héria. — 1963, p. XI. *L. Lerat.*

Le Tumulus de la Chevillotte. — 1958, p. 16. —

Bilan des travaux accomplis par la direction des antiquités historiques. — 1960, pp. 94-95. —

Un siècle d'archéologie préhistorique. — 1965, p. 28. —

L'origine des mégalithes en Franche-Comté. — 1960, p. 92. *J. P. Millotte.*

Bilan des travaux d'archéologie préhistorique. — 1960, p. 95. —

Le problème des cités lacustres. — 1961, p. VII. —

Un siècle de recherches préhistoriques. — 1965, p. 19. —

Le cadre de la vie de nos grands-pères au XVIIIe siècle. — 1940, p. 102. *Ct Four.*

Tableau social du Doubs. — 1958, p. 21. *R. Marlin.*

Le problème des petites villes en Franche-Comté. — 1961, p. VIII. *M. Chevalier.*

L'évolution politique du Doubs sous la IIIe République. — 1961, p. 17. *R. Marlin.*

Les préfets du Doubs. — 1964, p. 18. —

Les révoltes populaires en Franche-Comté de 1483-1787. — 1964, p. 18. *M. Gressel.*

Les Comtois à la bataille de Pavie, en 1525. — 1964, p. IX. *Al. Gauthier.*

La variolisation en Franche-Comté au XVIIIe siècle. — 1951, p. 58. *F.S.S.* *Dr Bidault.*

Une implantation franc-comtoise en Moravie au XVIIIe s. — 1965, p. 8. *J. Lprach.*

Histoire de Besançon

Le vignoble bisontin. — 1931, p. 14.	*Edm. Euvrard.*
La chancellerie près le Parlement de Franche-Comté, de 1692 à 1790. — 1932, p. 273.	*A. de Curzon.*
Construction de l'hôpital Saint-Jacques à Chamars (1686-1704). — 1932, p. 82.	*Chanoine Musy.*
La maison canoniale du chanoine Boitouset et Dagay. — 1932, p. 169.	—
Un journal bisontin d'opposition sous l'Empire. — 1932, p. 25.	*M. Germain.*
Les armoiries municipales de Besançon et la seconde Restauration. — 1933, p. 95.	*H. Hugon.*
Une fête nataliste à Besançon en 1781. — 1933, p. 103.	*M. Germain.*
L'administration de l'hôpital Saint-Jacques (1666-1793). — 1933, p. XVII.	*Chanoine Musy.*
Charles le Téméraire et la ville de Besançon. — 1935, p. 37.	*G. Gazier.*
Les vicissitudes d'un trésor de reliques des princes de la Maison de Châlon. — 1935, p. 108.	*A. Pidoux.*
Besançon, ville espagnole. — 1936, p. 18.	*G. Gazier.*
Un pastiche de Fénelon pendant le blocus de Besançon en 1814. — 1936, p. 114.	*M. Vernerey.*
La situation financière de l'hôpital Saint-Jacques pendant la Révolution française. — 1936, p. 134.	*Chanoine Musy.*
L'exposition universelle de Besançon de 1860. — 1937, p. 16.	*G. Gazier.*
Le palais de justice de Besançon. — 1937, p. 92.	—
Les vieux cimetières de Besançon. — 1939, p. 65.	*L. Four.*
Huit lettres inédites de J.-Joseph Pasteur à Bousson de Mairet. — 1939, p. 97.	*Dr E. Ledoux.*
Les changements des noms de rues de Besançon pendant la Révolution. — 1940, p. 20.	*Ct Four.*
La Cathédrale de Besançon. — 1940, p. 25.	*Chanoine Clerc.*
La question du blé et ses incidences sociales à Besançon au XVIe siècle. *F.S.S.* — 1951, p. 21.	*F. Bourriot.*
Le mouvement des idées à Besançon à l'époque romantique. *F.S.S.* — 1951, p. 129.	*M. Dard.*
Besançon à la veille de la Révolution de février 1848. *F.S.S.* — 1951, p. 140.	*H. Delanne.*
La monnaie estevenante des origines à la fin du XIVe siècle. 1958, p. 35.	*M. Rey.*
Description sommaire des monnaies estevenantes. — 1958, p. 67.	*M. Billey*
Vauban et Besançon. — 1958, p. 16.	*Chanoine Monnot.*
Vauban et la Citadelle de Besançon. — 1958, p. 25.	—
La vie estudiantine à Besançon. — 1958, p. 18.	*B. Lavillat.*
Le choléra à Besançon en 1832, d'après la Presse bisontine. — 1958, p. 18.	*Mme Joliot.*
Magistrats et avocats à Besançon au XVIIIe siècle. — 1958, p. 20.	*G. Muller.*
Le livre de raison du notaire Barbier (1717-1776). — 1958, p. 20.	*Mme Page.*

Les origines de l'abbaye Saint-Paul de Besançon. — 1958, p. 26. — *C. Davillé.*

Les fouilles de l'abbaye Saint-Paul. — 1958, p. 27. — *R. Tournier.*

L'Eglise de Besançon au XVe siècle. — 1958, p. 28. — *M. Billerey.*

Le Théâtre à Besançon au XIXe siècle. — 1958, p. 29. — *Mme Lepin.*

Une thèse de médecine en 1741 devant la faculté de médecine de Besançon. — 1958, p. 32. — *R. Marlin.*

L'Académie royale d'équitation de Besançon. — 1960, p. 89. — *B. Lavillat.*

Un épisode de la Contre-Révolution à Besançon. — 1960, p. 90. — *F. Bavoux.*

Recherches épigraphiques sur les inscriptions funéraires d'églises romaines. — 1960, p. 90. — *J. Cousin.*

Vignerons et paysans de Besançon au XVIIIe siècle (avec M. P. Bourgin). — 1964, p. 5. — *Abbé J. Garneret.*

Le sarcophage détruit de Saint Ferjeux. — 1960, p. 91. — *L. Lerat.*

L'exposition internationale de Besançon de 1860. — 1961, p. V. — *R. Marlin.*

La Coutume à Besançon. Histoire externe et données originales. — 1961, p. VI. — *G. Chevrier.*

Les échecs ferroviaires à Besançon au XIXe siècle. — 1962, p. 1. — *C. Fohlen.*

Un journal bisontin d'opposition sous Louis-Philippe : *le Séquanais.* — 1960, p. VII. — *R. Marlin.*

L'évolution politique du Doubs sous la IIIe République. — 1961, p. 17. — —

Cette étude est accompagnée :

1. d'un répertoire des parlementaires du Doubs depuis 1789 ;
2. de la liste des Conseillers généraux et des Conseillers d'arrondissements depuis 1870 ;
3. d'un catalogue des hauts fonctionnaires et notables du Doubs depuis 1800 ;
4. d'une liste de notabilités bisontines depuis la Conquête française jusqu'à la fin du XVIIIe siècle.

Bregille, banlieue bisontine. — 1963, p. XIII. — *G. Gonin.*

Les Etudiants à Besançon au XVIIIe siècle. — 1963, p. 3. — *B. Lavillat.*

Un siècle de vie théâtrale à Besançon. — 1963, p. 19. — *S. Lepin.*

Besançon sous la Restauration. — 1960, p. 92. — *J. Defrasne.*

L'Eglise de Besançon au XVIe siècle. — 1960, p. 93. — *M. Billerey.*

Un journal bisontin d'opposition sous l'Empire. — 1932, p. 15. — *L. Germain.*

Besançon, chef-lieu d'un département transjuran. — *J. R. Suratteau.*

Vauban et les remparts de Besançon. — 1965, p. VIII. — *M. Bouttérin.*

Cent-vingt ans de vie catholique dans le diocèse de Besançon. — 1965, p. 45. — *E. Ledeur.*

Protestantisme. — 1965, p. 103. — *P. Lovy.*

Histoire des Communes de Franche-Comté

Un bourg de la montagne comtoise sous Louis-Philippe : Maîche. — 1931-1932. — *F. Ponteil.*

L'ancien Petit Séminaire d'Ornans. — 1931, p. 212. *M. Allheimer-Jeannier.*
Recherches sur l'histoire de Purgerot. — 1932, p. 215. *M. Goux.*
L'église prieurale de Saint-Point. — 1934, p. 213. *B. Duhem.*
Coup d'œil sur le passé du village de Beure. — 1935, p. 167. *M. Euvrard.*
A propos de l'assèchement des marais de Saône, il y a un siècle. — 1936, p. 120. *Ct Four.*
Fougerolles : ses cerisiers, son kirsch. — 1938, p. 96. *P. Robert.*
Les lieux-dits du pays de Landresse dans l'œuvre de Pergaud. — 1963, p. 53. *O. Chevalier.*
Le pays de Montbéliard, carrefour historique entre l'Alsace, la Franche-Comté et la Suisse. — 1958, p. 15. *M. Billerey.*
La proclamation de la République à Arbois. — 1958, p. 16. *Ct Grand.*
L'engagement de Bonnétage. — 1958, p. 19. *A. Gauthier.*
Histoire du château de Côtebrune et de ses derniers seigneurs. — 1958, p. 19. *G. Deschamps.*
Le Château de Vieilley. — 1958, p. 21. *Abbé Belz.*
Introduction à l'histoire comparée de la principauté de Montbéliard et de l'évêché de Besançon. — 1958, p. 21. *M. Billerey.*
Les bourgeois de Luxeuil et de Saint-Claude. — 1958, p. 22. *F. Bavoux.*
La reddition du château d'Arguel en 1668. — 1933, p. 77. *Ct de Vregille.*
Curieuse procédure des femmes de Sancey en 1640. — 1934, p. 100. —
En relisant Lenôtre : de Besançon à l'échafaud. — 1935, p. 21. —
Météorologie populaire du village de Lantenne. — 1943, p. 47. *Abbé Garneret.*
Vignerons et paysans de Besançon à la fin du XVIIIe siècle. — 1964, p. 3. —
L'abbaye du Mont Sainte-Marie. — 1958, p. 27. *A. Renard.*
Un antique carrefour routier, la Chaux-d'Arlier. — 1958, p. 33. *A. Gauthier.*
Les campagnes de travaux de l'Abbaye d'Acey. — 1960, p. 95. *Tournier.*
Où en sommes-nous à Alaise ? — 1960, p. VI. *J. Jobard.*
La chapelle funéraire de la famille de Marmier dans l'église de Gray. *F.S.S.* — 1951, p. 10. *G. Blondeau.*
La construction de la cathédrale de Saint-Claude. *F.S.S.* — 1951, p. 1. *G. Duhem.*
La Vierge ouvrante de Leugney. — 1931, p. 157. *M. Piquard.*
La forêt comtoise. — 1965, p. 141. *R. Schaeffer.*

Biographie

Un bisontin ennemi de la France : Jean Acton (1737-1808). — 1931, p. 69. *S. Peuteuil.*
Thiébaud de Rougemont, archevêque de Besançon (1405-1429). — 1931, p. 86. *M. Piquard.*
Le pèlerinage d'un bisontin (Jacques de Valembert) en Egypte et en Terre-Sainte en 1584. — 1932, p. 35. *G. Gazier.*
Jean Bouchot, conservateur des musées de Besançon. — 1934, p. 93. —

Le bienheureux Etienne-Théodore Cuenot du Bélieu (1802-1861). — *Chanoine Pattinger.*

Les Franc-Comtois au Continent noir : Ch. Perdrizet, Le Lieutenant-Colonel Péroz, le Général Boumerard. — 1933, p. 16. — *Général de Thuy.*

Le Centenaire d'Auguste Castan (1833-1892). — 1933, p. 65. — *G. Gazier.*

Une lettre inédite de Pasteur (15 juin 1885). — 1933, p. 100. — *F. Preney.*

Les frères Grenier. — 1933, p. 118. — *G. Gazier.*

Mars : souvenirs d'enfance. — 1933, p. 152. — *F. Clerc.*

Le Cent-cinquantième anniversaire du Marquis de Jouffroy d'Abbans. — 1933, p. 192. — *M. Germain.*

Les Franc-Comtois au Continent noir (Lamblin, d'Ollone). — 1931, p. 110. — *A. Nicklès.*

Léon Deubel. — 1958, p. 12. — *O. Chevalier.*

Verlaine et l'imprimeur bisontin H. Bossanne. — 1958, p. 15. — —

Ch. de Bernard, bisontin et romancier. — 1963, p. 43. — *P. Lafille.*

Le procès Labourey. — 1958, p. 14. — *G. Muller.*

Contribution à l'étude de l'affaire Labourey. — 1958, p. 15. — *F. Bavoux.*

Adieu à M. le Doyen Préclin. — 1958, p. 16. — *P. Lafille.*

Hugues de Châlon et Louise de Savoie. — 1958, p. 17. — *A. Renard.*

Berdolet, unique évêque d'Aix-la-Chapelle. — 1958, p. 17. — *Abbé Boiteux.*

Les œuvres d'Antide Janvier. — 1958, p. 19. — *M. Mesnage.*

Le Président Trémolières, poète et académicien. — 1958, p. 33. — *M*[me] *Joliot.*

Girod de Chantrans (1750-1842). — 1960, p. 90. — *F. Girod.*

Xavier Marmier et la Scandinavie. — 1960, p. 90. — *M*[lle] *Savouret.*

Le Général Jarry : un caractère franc-comtois. — 1950, p. 92. — *I. Loiseau.*

La vie et l'œuvre du Chanoine Mourot (1866-1948). — 1960, p. 93. — *G. Bernard.*

Le Général Radet inédit. — 1960, p. 93. — *F. Girod.*

Le problème des reliques de saint Donat. — 1960, p. 94. — *Cornillot*

Balthazar Castiglione, ambassadeur de Charles Quint. Sa jeunesse à Urbino avec Raphaël. — 1960, p. 93. — *M*[me] *Mairot-Dromard.*

Il y a 50 ans L. Pergaud obtenait le prix Goncourt. — 1960, p. VI. — *O. Chevalier.*

Le procès du Général Marchand à Besançon (1816). — 1960, p. VII. — *M. Dayet.*

Jean de Châlon l'Antique. — 1934, p. 30. — *M. Duhem.*

Une grande Comtoise : Jeanne-Antide Thouret (1re partie). — 1934, p. 69 ; 1935, p. 146. — *Chanoine Pattinger.*

Les Franc-Comtois au Continent noir : le Capitaine Tissot, le Lieutenant Wollfel ; la prise de Samory. — 1934, p. 85. — *A. Nicklès.*

Le Franc-Comtois Alexis Rousset. — 1935, p. 137. — —

Les ancêtres de Louis Pergaud. — 1935, p. 163. — *H. Hugon.*

Jean-Joseph Bugnet. — 1935, p. 186. — *M. Baudoin-Bugnet.*

Rochet d'Héricourt et ses voyages. — 1946, p. 85. *L. Malnoury.*

Melchior Wyrsch et son académie de peinture (1776-1777). — 1931, p. 126. *G. Blondeau.*

Le Colonel Paris (1786-1876). — 1937, p. 69. *C^t Four.*

Le Gouverneur François de Vergy et l'invasion du duc des Deux-Ponts (1569). — 1937, p. 107. *M. Druhen.*

Le Sculpteur Luc Breton à Rome. — 1938, p. 14. *L. Cornillot.*

Xavier Marmier et les écrivains de son temps. — 1938, p. 30. *P. Moreau.*

Guy Arménier, chef du Conseil ducal, président des parlements des Comté et Duché de Bourgogne. — 1938, p. 56 ; 1940, p. 38. *G. Blondeau.*

Le Commandant Hilaire Renaudot. — 1938, p. 88. *A. Malcuit.*

L'œuvre de Luc Breton. — 1939, p. 10. *L. Cornillot.*

Le roman ébauché de Théodore Jouffroy. — 1939, p. 61. *G. Gazier.*

Jean-Louis Callier, ferronnier. — 1940, p. 31. *L. Cornillot.*

Huit lettres inédites de Pasteur à Bousson de Mairet. — 1939, p. 97. *Dr E. Ledoux.*

Le Vicaire général Laresche. — 1940, p. 94. *Chanoine Monnot.*

Le Cinquantenaire de la mort d'Auguste Castan. — 1943, p. 122. *M. Piquard.*

Un Gouverneur flamand en Franche-Comté : Charles E. d'Aremberg. *F.S.S.* — 1951, p. 161. *J. Eggen van Terlan.*

Une famille patricienne de Besançon du XVIe au XVIIIe s. : les Buzon. *F.S.S.* — 1951, p. 34. *J. Brelot.*

Christophe de Roggendorf. *F.S.S.* — 1951, p. 73. *Général de Mesmay.*

Le Diplomate Cl. Gérard Simonin. *F.S.S.* — 1951, p. 87. *J. de Trévillers.*

Un témoin de la liberté d'opinion : le Père Grégoire, prêtre réfractaire. *F.S.S.* — 1951, p. 106. *J. Girardot.*

M. le Doyen Préclin (1888-1955). *F.S.S.* — 1955, p. 1. —

Quelques renseignements inédits sur Dumas le Rouge. *F.S.S.* — 1955, p. 103. *G. Ponsot.*

Un magistrat révolutionnaire : le père de Charles Nodier. *F.S.S.* — 1955, p. 116. *M. Billey.*

M. de Quinsonas, l'un des fondateurs de l'Académie de Besançon. *F.S.S.* — 1955, p. 171. *P. de Quinsonas.*

M. l'abbé Bernard Berthet (1909-1950). *F.S.S.* — 1951, p. 269. *J. Brelot.*

Ch. de Bernard, bisontin et romancier. — 1963, p. 43. *P. Lafille.*

Pergaud. — 1958, p. 11. *J. Carrey.*

Un précurseur : Frédéric Japy (1749-1812). — 1944, p. 63. *F. Girod.*

Les Franc-Comtois illustres à Paris. — 1964, p. IX. *P. Ducrot.*

Les Comtois à la bataille de Pavie (1525). — 1964, p. IX. *A. Gauthier.*

Les préfets du Doubs. — 1964, p. 18. *R. Marlin.*

La vie économique dans le Doubs entre 1800 et 1814. — 1960, p. ... *F. Girod.*

Fourier, philosophe comtois ou les très riches heures du Phalanstère. — 1965, p. IX. *A. Vergez.*

Une famille de postiers bisontins : les Filliol de Raymond. — 1965, p. IX. *O. Chevalier.*

Le général Clerc : un destin brisé trop tôt. — 1965, p. IX. *J. Rouvenot.*

Activités culturelle, économique et sociale en Franche-Comté
Bibliographie

La Société d'Emulation en 1930, p. 3. *M. Eberhardt.*
La Société d'Emulation en 1931, p. 3. *Alfred Grenier.*
La Société d'Emulation en 1932, p. IX. *H. van Daële.*
La Société d'Emulation en 1933, p. VI. —
La Société d'Emulation en 1934, p. 3 *Chanoine Musy.*
La Société d'Emulation en 1935, p. 3. *Ct Four.*
La Société d'Emulation en 1936, p. 3.
La Société d'Emulation en 1937, p. 3. *Dr Bon.*
La Société d'Emulation en 1938, p. 3. *M. Arcay.*
La Société d'Emulation en 1939, p. 3. *P. Moreau.*
La Société d'Emulation en 1942, p. 3. *Dr E. Ledoux.*
La Société d'Emulation en 1943, p. 3. *Chanoine Quinnez.*
Cent-vingt-cinq ans de la S.E.D. — 1965, p. 187. *Cl. Fohlen.*
Chronique des travaux de la Société d'Emulation du Doubs de 1954 à 1958. — 1958, p. 12. *R. Marlin.*
Chronique des travaux de la Société d'Emulation du Doubs en 1958, 1959, 1960. — 1960, p. 81. —
Procès-verbaux des séances de la Société d'Emulation du Doubs de 1963, 1964, 1965. (Voir dans chaque volume les pages numérotées en chiffres romains.) —
Travaux archéologiques de la Société de 1951 à 1955 ; 1958, p. 31. —
Tableau d'ensemble de l'activité des Sociétés savantes fédérées de 1939 à 1951. — 1951, p. 154. *F.S.S.* —
Conséquences de la Guerre sur les bibliothèques de Besançon. — 1951, p. 182. *F.S.S.* —
Tableau social du Doubs au milieu du XIXe siècle. — 1958, p. 21.
L'évolution politique du Doubs sous la IIIe République. — 1961, p. 17. —
Introduction aux *Mémoires* de 1960. — 1960, p. 10. *Mme Page.*
Le Centenaire de la S.E.D. — 1940, p. 3. *Dr E. Ledoux.*
Chronique bibliographique franc-comtoise. — 1951, p. 171. *J. Brelot.*
Chronique bibliographique et activité des Sociétés fédérales de 1951 à 1954. *F.S.S.* — 1955, p. 209. —
Menus propos sur une bibliothèque. — 1963, p. 65 ; 1965, p. VIII. *P. Marion.*
Congrès internationaux des Archives en 1957. — 1958, p. 33. *C. Davillé.*
La papeterie en Franche-Comté avant 1789. — 1960, p. 62. *M. Petitjean.*
Contribution à l'étude des origines du métier du fer en Franche-Comté. — 1960, p. 94. *A. Gauthier.*
Faïences et faïenciers de Franche-Comté aux XVIIIe et XIXe siècles. — 1960, p. 96. *Mme de Buyer.*
La verrerie en Franche-Comté. — 1960, p. 96. *A. Seurre.*
La vie économique du Doubs de 1800 à 1814. — 1961, p. V. *F. Girod.*
Les Forges en Franche-Comté au XIXe siècle. — 1961, p. VII. *C. Fohlen.*

Le mouvement des idées à Besançon à l'époque romantique. *F.S.S.* — 1951, p. 129. *M. Dard.*
Le problème des petites villes en Franche-Comté. — 1961, 1961, p. VIII. *M. Chevalier.*
Apogée et déclin d'un artisanat franc-comtois : la broderie de Luxeuil. — 1964, p. 59. *Mlle M. Colson.*
La corporation des médecins de Besançon au XVIe siècle. — 1940, p. 14. *Dr Claudet.*
La forêt franc-comtoise. — 1943, p. 47. *G. Castany.*
Météorologie populaire du village de Lantenne. — 1943, p. 77. *Abbé Garneret.*
Notes sur les potiers d'étain de Besançon du XVe au XVIIIe siècles. — 1943, p. 114. *M. Piquard.*
Contribution à l'étude des origines du métier du fer en Franche-Comté. — 1960, p. 35. *A. Gauthier.*
La verrerie en Franche-Comté. I. — 1960, p. 19. *A. Seurre.*
Les verreries du Doubs. — 1965, p. VIII. —
Notes pour servir à l'histoire des faïences et des faïenceries de Franche-Comté aux XVIIIe et XIXe siècles. — 1960, p. 11. *Mme de Buyer.*
Les rythmes de la vie. — 1937, p. 35. *M. Arcay.*
Histoire et évolution actuelle des Salines de Franche-Comté. — 1963, p. XI. *L. Roche.*
La verrerie franc-comtoise de la Vieille-Loye. — 1963, 1964, p. XVI. *A. Seurre.*
L'industrie campanaire dans le département du Doubs. — 1934, p. 121. *Abbé Boiteux.*
Les cloches du XVIIIe siècle dans le Doubs. — 1938, p. 33. —
Les bourdons dans le département du Doubs en 1934. — 1935, p. 239. —
La ferme des montagnes du Doubs. — 1935, p. 48. *R. Mougey.*
Notes sur la vie rurale en Franche-Comté au XVIIIe siècle. — 1938, p. 77. —
Quelques points peu connus de l'histoire de la soie artificielle. — 1935, p. 279. *M. Arcay.*

L'imagerie bisontine du XVIIe au XIXe siècle. — 1940, p. 102. *Mlle L. Cornillot.*
Vignerons et paysans de Besançon et des environs à la fin du XVIIIe siècle. — 1964, p. 3. *J. Garneret et P. Bourgin.*
Les aspects sociaux de la vie industrielle dans la région de Lure. — 1964, p. 91. *J. Mercier.*
La fonderie Bournez de Morteau. — 1961, p. V. *O. Chevalier.*
Evolution de l'Horlogerie dans les cadres comtois. — 1965, p. 117. *Ed. Hirschi.*
Courte histoire de la presse politique du Doubs aux XIXe et XXe siècles. — 1965, p. 187. *R. Marlin.*

BEAUX-ARTS

L'art et le rosaire en France. — 1958, p. 31. *Chanoine Quinnez.*
Un musicien bisontin : Michel Blavet (1700-1768). — 1964, p. IX. *R. Pernette.*

Le dessin chez les scientifiques et chez Pasteur en particulier. — 1963, p. XI. *R. Girard.*
Les bas-reliefs romans du Musée de Besançon. — 1943, p. 70. *M. Piquard.*

SCIENCES

Spéléologie, Géologie, Botanique

Les grottes du département du Doubs. — 1958, p. 18. *Mauer.*
Explorations spéléologiques en Franche-Comté. — 1958, p. 23. —
Les tourbières du Jura. — 1960, p. 90. *R. Moreau.*
Excursions botaniques. — 1960, p. 90. —
Vie aventureuse du botaniste. — 1960, p. 93. —
Explorations archéologiques. — 1964, p. IXe. *Mora et Demailly.*

DEUXIÈME PARTIE

TABLE ALPHABÉTIQUE PAR NOMS D'AUTEURS

— A —

Altheimer-Jeannier

L'ancien petit séminaire d'Ornans. — 1931, p. 212.

Arcay

La Société d'Emulation du Doubs en 1938, p. 3.
Les rythmes de la vie. — 1937, p. 35.
Quelques points peu connus de l'histoire de la soie artificielle. — 1935, p. 279.

— B —

Bataille (Frédéric)

Poésies. — 1931, p. 83. — 1932, p. 13.
Fables. — 1934, p. 15.

Baudoin-Bugnet (Maurice)

Jean-Joseph Bugnet. — 1935, p. 186.

Bavoux (Francis)

Un épisode de la Contre-Révolution à Besançon. — 1960, p. 90.
Les bourgeois de Luxeuil et de Saint-Claude. — 1958, p. 22.
Le folklore et la danse en Franche-Comté. — 1958, p. 29.

Belz

Le Château de Vieilley. — 1958, p. 21.

Bernard (Georges)

La vie et l'œuvre du Chanoine Mourot (1866-1948). — 1960, p. 93.

Bidault (Dr R.)

La variolisation en Franche-Comté au XVIIIe siècle. — 1951, p. 58. *F.S.S.*

Billerey (Michel)

Le pays de Montbéliard et la Révolution française. — 1955, p. 40.
L'Eglise de Besançon au XVe siècle. — 1958, p. 27.
L'Eglise de Besançon au XVIe siècle. — 1960, p. 93.
Le pays de Montbéliard, carrefour historique entre l'Alsace, la Franche-Comté et la Suisse. — 1958, p. 15.
Introduction à l'histoire comparée de la principauté de Montbéliard et de l'évêché de Bâle. — 1958, p. 21.

Billey (Maurice)

Description sommaire des monnaies estevenantes. — 1958, p. 83.
Un magistrat révolutionnaire : le père de Charles Nodier. — 1955, p. 116.

Blondeau (Georges)

La chapelle funéraire de la famille de Marmier dans l'église de Gray. F.S.S. — 1951, p. 10.
Le peintre Wyrsch, écrivain. — 1937, p. 46.
Melchior Wyrsch et son académie de peinture. — 1931, p. 126.
Le retour de Wyrsch en Suisse. Ses dernières années. — 1935, p. 70.
Guy Arménier, président des Parlements des Comté et Duché de Bourgogne. — 1938, p. 56. — 1940, p. 38.

Boiteux (Abbé)

Lamennais réfuté par l'Abbé Receveur en 1821. — 1936, p. XX.
L'industrie campanaire dans le département du Doubs. — 1934, p. 121.
Les bourdons dans le département du Doubs. — 1935, p. 239.
Les cloches du XVIIIe siècle dans le Doubs. — 1938, p. 33.
Berdolet, unique évêque d'Aix-la-Chapelle. — 1958, p. 27.

Bon (Docteur)

La Société d'Emulation du Doubs en 1937. — 1937, p. 3.

Bourriot (F.)

La question du blé et ses incidences sociales à l'époque romantique. — F.S.S., 1951, p. 21.

Brelot (J.)

L'émigration dans le Jura pendant la Révolution française. F.S.S. — 1955, p. 62.
L'Insurrection fédéraliste dans le Jura en 1793. F.S.S. — 1955, p. 73.
Une famille patricienne de Besançon du XVIe au XVIIIe siècle : les Buzon. — 1951, F.S.S. p. 34.
Chronique bibliographique franc-comtoise. — 1951, p. 171, F.S.S.

Chronique bibliographique et activité des sociétés fédérées de 1951 à 1954. — 1955, p. 209, F.S.S.
M. l'abbé Berthet (1909-1950). F.S.S. — 1951, p. 259.

Bouterin (Marcel)

Vauban et les remparts de Besançon. — 1965, p. VIII.

Buyer (Mme de)

Notes pour servir à l'histoire des faïences et des faïenciers de Franche-Comté aux XVIIIe et XIXe siècles. — 1960, p. 11.
Faïences et faïenciers de Franche-Comté aux XVIIIe et XIXe siècle. — 1960, p. 96.

— C —

Carrez (Mme Jean)

Quelques aspects de la décentralisation intellectuelle en Allemagne. — 1958, p. 20.

Castany (G.)

La forêt franc-comtoise. — 1943, p. 47.

Chevalier (Octave)

Les lieux-dits du pays de Landresse dans l'œuvre de Pergaud. — 1963, p. 53.
Léon Deubel. — 1958, p. 12.
Verlaine et l'imprimeur bisontin H. Bossanne. — 1958, p. 15.
Il y a 50 ans, L. Pergaud obtenait le prix Goncourt. — 1961, p. VI.
La fonderie Bournez de Morteau. — 1961, p. V.
Les champs de bataille de la guerre des boutons. — 1960, p. 94.
Une famille de postiers bisontins : les Filliol de Raymond. — 1965, p. IX.

Chevalier (Michel)

La Géographie universitaire et la Géographie appliquée. — 1961, p. V.
Images de Laponie. — 1960, p. 89.
Excursion de l'Institut de Géographie dans le Midi de la France. — 1955 p. 26.
Le problème des petites villes en Franche-Comté. — 1961, p. VIII.

Chevrier (Georges)

La coutume à Besançon ; histoire externe et données originales. — 1961, p. VI.

Claudet (Docteur)

La corporation des médecins de Besançon au XVIe siècle. — 1940, p. 14

Clerc (chanoine)

La Cathédrale de Besançon. — 1940, p. 25.

Clerc (Francis)

Poésies. — 1935, p. 35. — 1932, p. 32.
Printemps comtois. Souvenirs et impressions. — 1934, p. 17.
Mars : souvenirs d'enfance. — 1933, p. 152.

Colson (Mathilde)

Apogée et déclin d'un artisanat franc-comtois : la broderie de Luxeuil. — 1964, p. 59.

Cornillot (Lucie)

Le sculpteur Luc Breton à Rome. — 1938, p. 14.
L'œuvre de Luc Breton. — 1939, p. 10.
Jean-Louis Callier, ferronnier. — 1940, p. 31.
L'Imagerie bisontine du XVIIe au XIXe siècle. — 1940, p. 102.
Le problème des reliques de saint Donat. — 1960, p. 94.

Cousin (Jean)

A propos du « Théâtre » de Vesontio. — 1943, p. 130.
Recherches épigraphiques sur les inscriptions funéraires d'églises romaines. — 1960, p. 90.

Curzon (Alfred de)

La chancellerie près le Parlement de Franche-Comté de 1692 à 1790. — 1932, p. 273.

— D —

Daillens (Mlle)

Régions frontalières de la montagne jurassienne. Analyse de la thèse de Mlle S. Daveau. — 1961, p. VI.

Dard (M.)

Le mouvement des idées à Besançon à l'époque romantique. — 1951, p. 129.

Davillé (C.)

Trésors des monnaies romaines. — 1958, p. 14.
Quelques notes sur l'aqueduc gallo-romain d'Arcier. — 1940, p. 78.
Les origines de l'abbaye Saint-Paul de Besançon. — 1958, p. 26.
Congrès international des Archives en 1957. — 1958, p. 33.

Dayet (Maurice)

L'Abbé Gonzel et la tentative de soulèvement de la Franche-Comté en 1702. — 1931, p. 218.
Le procès du Général Marchand (1816). — 1960, p. VII.

Defrasne (J.)

Besançon sous la Restauration. — 1960, p. 92.

Delanne (H.)

Besançon, à la veille de la Révolution de février 1848. — 1951, p. 140.

Deschamps (G.)

Histoire du château de Cotebrune et de ses derniers seigneurs. — 1958, p. 19.

Dornier (Charles)

Poésies. — 1933, p. 14. — 1934, p. 27. — 1937, p. 31.

Doyen de Trévillers (J.)

Le diplomate Cl. Gérard Simonin. — 1951, p. 73.

Druhen (Maxime)

Le Gouverneur François de Vergy et l'invasion du duc des Deux-Ponts (1569). — 1937, p. 107.

Ducrot (P.)

Les Franc-Comtois illustres à Paris. — 1964, p. IX.

Duhem (B.)

L'Eglise prieurale de Saint-Point. — 1934, p. 213.
La construction de la cathédrale de Saint-Claude. — 1951, p. 1.
Jean de Châlon l'Antique. — 1934, p. 30.

— E —

Ebersold (avec J. Brelot), F.S.S. — 1955, p. 62. (Ebersold).

Eggen van Terlan (J.)

Un gouverneur flamand en Franche-Comté : Charles E. d'Aremberg. F.S.S. — 1951, p. 161.

Euvrard (Edm.)

Le vignoble bisontin. — 1931, p. 14.
Coup d'œil sur le passé du village de Beure. — 1935, p. 167.

— F —

Fohlen (Claude)

Impressions des U.S.A. — 1960, p. 91.
Les échecs ferroviaires à Besançon au XIXe siècle. — 1962, p. 1.
Les forges en Franche-Comté au XIXe siècle. — 1961, p. VII.
Cent vingt-cinq ans de la Société d'Emulation du Doubs. — 1965, p. 5.
Cent vingt-cinq ans de communications. — 1965, p. 159.

Four (Ct Léon)

Le cadre de la vie de nos grands-pères au XVIIIe siècle. — 1940, p. 102.
A propos de l'assèchement des marais de Saône, il y a un siècle. — 1936, p. 120.
Les vieux cimetières de Besançon. — 1939, p. 65.
Les changements des noms de rues de Besançon pendant la Révolution. — 1940, p. 20.
La Société d'Emulation en 1935. — 1935, p. 3.
Le Colonel Paris (1786-1876). — 1937, p. 69.

Fournier (Général)

L'immigration savoyarde en Franche-Comté avant 1789. — 1959, p. 1.

— G —

Garneret (Abbé Jean)

Météorologie populaire du village de Lantenne. — 1943, p. 47.
Vignerons et paysans de Besançon et des environs à la fin du XVIIIe siècle (avec Pierre Bourgin). — 1964, p. 3. — 1965, p. VIII.

Gauthier (Alexandre)

L'engagement de Bonnétage. — 1958, p. 19.
Un antique carrefour routier : la Chaux d'Arlier. — 1958, p. 33.
Contribution à l'étude des origines du métier du fer en Franche-Comté. — 1960, p. 35.
Les Comtois à la bataille de Pavie (1525). — 1964, p. IX.

Gazier (Georges)

Charles le Téméraire et la ville de Besançon. — 1935, p. 37.
Besançon, ville espagnole. — 1936, p. 18.
L'exposition universelle de Besançon de 1860. — 1937, p. 26.
Le palais de justice de Besançon. — 1937, p. 92.
Le pèlerinage d'un bisontin (Jacques de Valimbert) en Egypte et en Terre-Sainte en 1584. — 1932, p. 35.
Jean Bouchot, conservateur des musées de Besançon. — 1934, p. 93.

Le Centenaire d'Auguste Castan. — 1933, p. 65.
Les frères Grenier. — 1933, p. 100.
Le roman ébauché de Théodore Jouffroy. — 1939, p. 61.

Germain (Léon)

Un journal bisontin d'opposition sous l'Empire. — 1932, p. 15.
Le Cent-cinquantième anniversaire du Marquis de Jouffroy d'Abbans. — 1933, p. 192.
Une fête nataliste à Besançon en 1781. — 1933, p. 103.
Un espion français au Comté de Bourgogne. — 1934, p. 158.

Girard (Robert)

Le dessin chez les scientifiques et chez Pasteur en particulier. — 1963, p. XI

Girardot (Jean)

L'étymologie de Lure et la charte de Lothaire. — 1934, p. 51.
Formation du département de la Haute-Saône. F.S.S. — 1955, p. 29.
Un témoin de la liberté d'opinion : le Père Grégoire, prêtre réfractaire. — F.S.S., 1951, p. 106.
M. le Doyen Préclin. F.S.S. — 1955, p. 1.

Girod (François)

Un précurseur : Frédéric Japy (1749-1812). — 1944, p. 63. — 1963, p. XIII
Le Général Radet inédit. — 1960, p. 93.
Girod de Chantrans (1750-1842). — 1960, p. 90.
La vie économique dans le Doubs entre 1800 et 1814. — 1960, p. V.

Gonin (Georges)

Bregille, banlieue bisontine. — 1963, p. XI.

Goux (M.)

L'origine des noms de personnes en Franche-Comté et en particulier dans l'arrondissement de Vesoul. — 1931, p. 102.
Recherches sur l'histoire de Purgerot. — 1932, p. 216.

Grand (Commandant)

La proclamation de la république à Arbois. — 1958, p. 26.

Gresset (Maurice)

Les révoltes populaires en Franche-Comté de 1743 à 1787. — 1964, p. IX.

— H —

Hirschi (Edgar)

Evolution de l'Horlogerie dans le cadre comtois. — 1965, p. 109.

Hugon (H.)

Les armoiries municipales de Besançon et la seconde Restauration. — 1933, p. 95.
Les ancêtres de Louis Pergaud. — 1935, p. 163.

— J —

Jobard (Jules)

Où en sommes-nous à Alaise ? — 1961, p. vi.

Jeannette (M.)

Les testaments des pestiférés en Franche-Comté. — 1958, p. 22.

Joliot (Mme)

Le Président Trémolières (1775-1847). — 1958, p. 33. — 1960, p. 89.
Le choléra à Besançon en 1832, d'après la presse bisontine. — 1958, p. 18.

Jouvenot (Robert)

Le Général Clerc : un destin brisé trop tôt. — 1965, p. ix.

— L —

Lafille (Pierre)

Ch. de Bernard, bisontin et romancier. — 1963, p. 43.
Adieu à M. le Doyen Préclin. — 1958, p. 16.

Lapostolle (Jean)

Images de l'Antarctique. — 1960, p. 91-92.

Latrobe (Pierre)

Poésies. — 1931, p. 54. — 1933, p. 61.

Lavillat (Bernard)

L'académie royale d'équitation de Besançon. — 1960, p. 90.
Les étudiants à Besançon au xviiie siècle. — 1963, p. 3.

Ledeur (Etienne)

Cent-vingt ans de vie catholique dans le diocèse de Besançon. — 1965, p. 37.

Ledoux (Docteur Eugène)

Huit lettres inédites de J.-Joseph Pasteur à Bousson de Mairet. — 1939, p. 97.
Le Centenaire de la Société d'Emulation du Doubs. — 1940, p. 3.

Lepin (Suzanne)

Le théâtre à Besançon au XIXe siècle. — 1958, p. 29.
Un siècle de vie théâtrale à Besançon. — 1963, p. 19.
Bilan des travaux accomplis par la direction des Antiquités historiques. — 1960, p. 94.

Lerat (L.) (doyen)

Bilan des fouilles récentes de Villars-d'Héria. — 1963, p. XII.
Le sarcophage détruit de saint Ferjeux. — 1960, p. 91.
Le tumulus de la Chevillotte. — 1958, p. 16.
Un siècle d'archéologie historique en Franche-Comté. — 1965, p. 28.

Levesque (Pierre, doyen)

La navigation rhodanienne des Argonautes, d'après le témoignage d'Apollonios de Rhodes. — 1961, p. VII.

Lorach (Jacques)

Une implantation franc-comtoise en Moravie au XVIIIe siècle. — 1965, p. VIII.

Lovy (Pierre)

Protestantisme. — 1965, p. 95.

— M —

Mairot-Dromard (Mme)

Reines de beauté de la Renaissance italienne. — 1955, p. 28.
Balthazar Castiglione, ambassadeur de Charles Quint. — 1960, p. 93.
Odette de Champdivers. — 19...

Malcuit (Albert)

Le Commandant Hilaire Renaudot. — 1938, p. 88.

Malnoury (Louis)

Rochet d'Héricourt et ses voyages. — 1936, p. 85.
Au royaume du Choa. — 1936.

Marion (Paul)

Menus propos autour d'une bibliothèque. — 1963, p. 65. — 1965, p. VIII.

Marlet (Abel)

Anniversaire du rattachement de la Savoie à la France. — 1959, p. 3.

Marlin (Roger)

Othon IV, Comte de Bourgogne et son administration. — 1960, p. 96.
Les étrangers dans le Doubs au milieu du XIXe siècle. — 1960, p. 94.
La Crise des subsistances dans le Doubs (1816-1817). — 1960, p. 91.
Un procès d'affouage en Franche-Comté au milieu du XIXe siècle. — 1958, p. 11.
L'accueil fait par les communes du Doubs à la Révolution de 1848. — 1958, p. 16.
L'opinion franc-comtoise devant la Guerre de Crimée. — 1958, p. 25.
Les préfets du Doubs. — 1964, p. 18.
Une thèse de médecine en 1741 devant la Faculté de Besançon. — 1958, p. 32.
L'exposition internationale de Besançon en 1860. — 1961, p. v.
Un journal bisontin d'opposition sous Louis-Philippe : *le Séquanais*. — 1960, p. VII.
Chronique des travaux de la S.E.D. de 1954 à 1958. — 1958, p. 11.
Chronique des travaux de la S.E.D. en 1958, 1959, 1960. — 1960, p. 81.
Procès-verbaux des séances de la S.E.D. de 1963 à 1965 (voir dans chaque volume les pages numérotées en chiffres romains).
Travaux archéologiques de la Société de 1951 à 1955. — 1958, p. 34.
Tableau social du Doubs au milieu du XIXe siècle. — 1958, p. 21.
L'évolution politique du Doubs sous la IIIe République. — 1961, p. 17. (avec en annexe, un répertoire des notabilités depuis la conquête française).
Tableau d'ensemble de l'activité des Sociétés savantes fédérées de 1939 à 1951. F.S.S. — 1951, p. 154.
Courte histoire de la presse politique du Doubs aux XIXe et XXe siècles — 1965, p. 179.

Mauer

Les Grottes du département du Doubs. — 1958, p. 18.
Expositions spéléologiques en Franche-Comté. — 1958, p. 23.

Mercier (Jeannine)

Les aspects sociaux de la vie industrielle dans la région de Lure. — 1964, p. 91.

Mesmay (Général de)

Christophe de Roggendorf. F.S.S. — 1951, p. 73.

Mesnage (M.)

Les œuvres d'Antide Janvier. — 1958, p. 19.

Millot (Jean)

L'opinion publique franc-comtoise en 1814-1815. F.S.S. — 1951, p. 119.

Millotte (J. P.)

L'origine des mégalithes en Franche-Comté. — 1960, p. 92.
Bilan des travaux d'archéologie préhistorique. — 1960, p. 96.
Le problème des cités lacustres. — 1961, p. VII.
Un siècle de recherches préhistoriques. — 1965, p. 19.

Monnot (Chanoine)

Vauban et Besançon. — 1958, p. 16.
Vauban et la Citadelle de Besançon. — 1958, p. 25.
Le Vicaire général Laresche. — 1940, p. 94.

Mora et **Demailly**

Explorations archéologiques. — 1964, p. IX.

Moreau (Pierre)

La Société d'Emulation en 1939. — 1939, p. 3.
Xavier Marmier et les écrivains de son temps. — 1938, p. 30.
Edmond About vu par Xavier Marmier. — 1940, p. 12.

Moreau (Richard)

Les tourbières du Jura. — 1960, p. 90.
Vie aventureuse du botaniste. — 1960, p. 93.
Excursions botaniques. — p. 000.
Les loups en Franche-Comté. — 1958, p. 17.

Mougey (R.)

La ferme des montagnes du Doubs. — 1935, p. 48.
Notes sur la vie rurale en Franche-Comté au XVIIIe siècle. — 1938, p. 77.

Muller (Georges)

Magistrats et avocats à Besançon au XVIIIe siècle. — 1958, p. 20.
Le procès Labourey. — 1958, p. 14.

Musy (Chanoine)

La Société d'Emulation du Doubs en 1934. — 1934, p. 3.
La situation financière de l'hôpital St-Jacques pendant la Révolution française. — 1936, p. 134.
L'administration de l'hôpital St-Jacques (1666-1793). — 19...
Construction de l'hôpital St-Jacques à Chamars (1686-1704). — 1932, p. 82

— **N** —

Nicklès (Adrien)

Les Francs-Comtois au Continent noir: Lamblin, d'Ollone. — 1931, p. 110.
Tissot - Wolffel - la prise de Samory. — 1934, p. 85.
Alexis Rousset. — 1935, p. 137.
La reine de Saba était-elle arabe ou éthiopienne ? — 1933, p. 198.

— P —

Page (Mme)

Introduction aux Mémoires de 1960. — 1960, p. 10.
Saint-Simon et la Franche-Comté. — 1958, p. 32.
Le livre de raison du notaire Barbier (1717-1776). — 1958, p. 20.

Pajot (M.).

Explication du nom de Montoreille (Salins) ; le Culte de St-Martin en Séquanie. — 1935, p. 295.
Saint Sigismond, roi de Bourgogne, à Vercel et au Valdahon. Problème toponymico-historique. — 1939, p. 41.
Etymologie de Lure. 1932, p. 118. — 1934, p. 59.
Explication de la locution de Morthomme. — 1932, p. 143.
L'interprétation du nom de « Mons Cœlius » appliqué à la Citadelle de Besançon. — 1934, p. 151.

Pattinger (Chanoine)

Le bienheureux Etienne-Théodore Cuenot, du Bélieu (1802-1861). — 19...
Une grande Comtoise : Jeanne-Antide Thouret. — 1934, p. 69. — 1935, p. 146.

Pernette (Roger)

Un musicien bisontin : Michel Blavet (1700-1758). — 1964, p. IX.

Perrod (Abbé)

Une partie de chasse qui finit mal, Arlay (1781-1785). — 1933, p. 57.

Petitjean (Marcel)

La papeterie en Franche-Comté au XVIIIe siècle. — 1960, p. 62.

Peuteuil (Suzanne)

Un bisontin ennemi de la France : Jean Acton (1737-1808). — 1931, p. 69.
Souvenirs de la revue *Franche-Comté et Monts-Jura*. — 1965, p. IX.

Pidoux (André)

Les vicissitudes d'un trésor de reliques des princes de la maison de Châlon. — 1935, p. 108.

Piquard (Maurice)

Notes sur les potiers d'étain de Besançon du XVe au XVIIIe siècle. — 1943, p. 114.
Le Cinquantième Anniversaire de la mort d'Auguste Castan. — 1943, p. 122.
La Vierge ouvrante de Leugney. — 1931, p. 157.
Thiébaud de Rougemont, archevêque de Besançon (1405-1429). — 1931, p. 86.
Les bas-reliefs romans du Musée de Besançon. — 1953, p. 70.

Ponsot (G.)

Quelques renseignements inédits sur Dumas le Rouge. — 1955, p. 103.

Ponteil (Félix)

Un bourg de la montagne comtoise sous Louis-Philippe : Maîche. — 1931.

Préclin (E.)

La situation ecclésiastique et religieuse de la Franche-Comté à la veille de la Révolution. — 1955, p. 3. *F.S.S.*

Preney (F.)

Formation de la population franc-comtoise : défaut de l'influence espagnole. — 1958, p. 23.
Une lettre inédite de Pasteur (15 juin 1885). — 1933, p. 100.

Prost (F.)

Aperçu sur la toponymie du premier plateau jurassien dans la région d'Orgelet. — 1955, p. 188.

— Q —

Quinnez (Chanoine)

La Société d'Emulation en 1943. — 1943, p. 3.
L'art et le rosaire en France. — 1958, p. 31.

Quinsonas (Paul de)

Monsieur de Quinsonas, l'un des fondateurs de l'Académie de Besançon. F.S.S.— 1955, p. 171.

— R —

Renard (A.)

Hugues de Châlon et Louise de Savoie. — 1958, p. 17.
L'abbaye du Mont Sainte-Marie. — 1958, p. 27.
La Sarre et les juridictions franco-sarroises. — 1958, p. 25.

Rey (Maurice)

La monnaie estevenante des origines à la fin du XIVe siècle. — 1958, p. 35.

Robert (Pierre)

Fougerolles, ses cerisiers, son kirsch. — 1938, p. 96.

Roche (L.)

Histoire et évolution actuelle des Salines de Franche-Comté. — 1963, p. XII.

— S —

Salverte (Comte de)

La noblesse comtoise et les Etats provinciaux de 1787. — 1951, p. 94.

Schaeffer (R.)

La forêt comtoise. — 1965, p. 141.

Seurre (André)

La verrerie franc-comtoise de la Vieille-Loye. — 1963, p. XIV.
La verrerie en Franche-Comté. I. — 1960, p. 96.
Les verreries du Doubs. — 1965, p. 8.

Stauffenegger (Mme)

Othon IV, comte de Bourgogne, et son administration. — 1960, p. 91.

Suratteau (J. R.)

Besançon, chef-lieu d'un département transjuran. — 1965, p. VIII.

— T —

Thuy (Général de)

Les Franc-Comtois au Continent noir : Ch. Perdrizet, le Lieutenant-Colonel Péroz, le Général Boumerard. — 1933, p. 16.

Tournier (R.)

La campagne de travaux de l'abbaye d'Acey. — 1960, p. 95.
Les fouilles de l'abbaye Saint-Paul. — 1958, p. 27.

Trévillers (Jean de)

En marge de la Guerre aux châteaux de 1789. — 1955, p. 166.
Le diplomate Cl.-G. Simonin. F.S.S. — 1951, p. 87.

— V —

Van Daële (Hilaire)

Dyptique. — 1931, p. 108.
Poésies. — 1932, p. 199. — 1933, p. 88. — 1934, p. 25. — 1933, p. 45.

Vergez (André)

Fourier, philosophe comtois ou les très riches heures du Phalanstère. — 1965, p. IX.

Vernerey (M.)

Un pastiche de Fénelon pendant le blocus de Besançon en 1814. — 1937, p. 114.

Vregille (Commandant de)

La reddition du Château d'Arguel en 1668. — 1933, p. 77.
Curieuse procédure de 1640 des femmes de Sancey. — 1934, p. 100.
En relisant Lenôtre : de Besançon à l'échafaud. — 1935, p. 21.

RÉPERTOIRE ALPHABÉTIQUE DES AUTEURS

	Pages
Altheimer-Jeannier	237
Arcay	237
Bataille (Frédéric)	237
Baudoin-Bugnet (Maurice)	237
Bavoux (Francis)	237
Belz	237
Bernard (Georges)	237
Billercy (Michel)	238
Billey (Maurice)	238
Blondeau (Georges)	238
Boiteux (abbé)	238
Bon (docteur)	238
Bourriot (F.)	238
Brelot (J.)	238
Bouterin (Marcel)	239
Buyer (Mme de)	239
Carrez (Mme J.)	239
Castany (G.)	239
Chevalier (Octave)	239
Chevalier (Michel)	239
Chevrier (Georges)	239
Claudet (docteur).	239
Clerc (Francis)	240
Clerc (Chanoine)	240
Colson (Mathilde)	240
Cornillot (Lucie)	240
Cousin (Jean)	240
Curzon (Alfred de)	240
Daillens (Mlle)	240
Dard	240
Davillé (C.)	240
Dayet (Maurice)	241
Defrasne (J.)	241
Delanne (H.)	241
Deschamps (G.)	241
Dornier (Charles)	241
Doyen de Trévillers	241
Druhen (Maxime)	241
Ducrot (P.)	241
Duhem (B.)	241
Ebersold	241
Eggen van Tislan (J.)	241
Euvrard (Edm.)	241
Fohlen (Claude)	242
Four (commandant)	242
Fournier (général)	242
Garneret (abbé Jean)	242
Gauthier (Alexandre)	242
Gazier (Georges)	242
Germain (Léon)	243
Girard (Robert)	243
Girardot (Jean)	243
Girod (François)	243
Gonin (Georges)	243
Goux (M.)	243
Grand (commandant)	243
Gresset (Maurice)	243
Hirschi (Edgar)	243
Hugon (H.)	244
Jeannette (M.)	244
Jobard (Jules)	244
Joliot (Mme)	244
Jouvenot (Robert)	244
Lafille (Pierre)	244
Lapostolle (Jean)	244
Latrobe (Pierre)	244
Lavillat (Bernard)	244
Ledeur (Etienne)	244
Ledoux (docteur Eugène)	244
Lepin (Mme Suzanne)	245
Lerat (Lucien, doyen)	245
Levesque (doyen)	245
Lorach (Jacques)	245
Lovy (pasteur Pierre)	245

Pages

Mairot-Dromard (Mme) 245
Malcuit (Albert) 245
Malnoury (Louis) 245
Marion (Paul) 245
Marlet (Abel) 245
Marlin (Roger) 246
Mauer 246
Mercier (Jeannine) 246
Mesmay (général de) 246
Mesnage (M.) 246
Millot (Jean) 246
Millotte (J. P.) 246
Monnot (chanoine) 247
Mora et Demailly 247

Moreau (Pierre) 247
Moreau (Richard) 247
Mougey (R.) 247
Muller (Georges) 247
Musy (chanoine) 247

Nicklès (Adrien) 247

Page (Mme) 248
Pajot (M.) 248
Pattinger (chanoine) 248
Pernette (Roger) 248
Perrod (abbé) 248
Petitjean (Marcel) 248
Peuteuil (Suzanne) 248

Pages

Pidoux (André) 248
Piquard (Maurice) 248
Ponsot (G.) 249
Ponteil (Félix) 249
Préclin (E.) 249
Preney (F.) 249
Prost (F.) 249

Quinnez (chanoine) 249
Quinsonas (Paul de) 249

Renard (conseiller) 249
Rey (Maurice) 249
Robert (Pierre) 250
Roche (L.) 250

Salverte (Comte de) 250
Schaeffer (R.) 250
Seurre (André) 250
Stauffenegger (Mme) 250
Suratteau (J. R.) 250

Thuy (général de) 250
Tournier (R) 250
Trévillers (Jean de) 250

Van Daële (Hilaire) 251
Vergez (André) 251
Vernerey (M.) 251
Vregille (commandant de) .. 251

www.ingramcontent.com/pod-product-compliance
Lightning Source LLC
LaVergne TN
LVHW082354160826

845678LV00008B/1844
9782329763002